UM PRESENTE DE

PARA

SEU NOME É AMOR

MAX LUCADO

Traduzido por EMIRSON JUSTINO

MC
mundocristão
São Paulo

Texto compilado por Terri Gibbs
Design: Koechel Peterson & Associates, Inc., Minneapolis, EUA
Publicado originalmente por Thomas Nelson Inc., Tennessee, EUA
Diagramação: Triall Composição Editorial Ltda

Os textos das referências bíblicas foram extraídos da *Nova Versão Internacional* (NVI), da Sociedade Bíblica Internacional, salvo indicação específica.

Dados Internacionais de Catalogação na Publicação (CIP)
(Câmara Brasileira do Livro, SP, Brasil)

Lucado, Max
Seu nome é amor / Max Lucado; traduzido por Emirson Justino. — São Paulo: Mundo Cristão, 2012.

Título original: This Is Love: The Extraordinary Story of Jesus.

1. Deus (Cristianismo) — Amor 2. Jesus Cristo 3. Jesus Cristo — Biografia 4. Jesus Cristo — Ensinamentos 5. Jesus Cristo — Influência 6. Jesus Cristo — Miscelânea 7. Jesus Cristo — Pessoa e missão I. Título.

12-01571 CDD-232.954

Índice para catálogo sistemático:
1. Jesus Cristo: Ensinamentos: Cristologia 232.954
Categoria: Inspiração

Publicado no Brasil com todos os direitos reservados por:
Editora Mundo Cristão
Rua Antônio Carlos Tacconi, 79, São Paulo, SP, Brasil, CEP 04810-020
Telefone: (11) 2127-4147
Home page: www.mundocristao.com.br

1ª edição: setembro de 2012
Printed in China / Impresso na China

SUMÁRIO

JESUS FOI AO MESMO TEMPO COMUM E INCOMUM; alternava entre o normal e o heroico. Em um momento, estava entre os jogadores de dominó no parque e, no instante seguinte, ordenava que o inferno saísse de um homem louco, que a doença saísse de um moribundo e que a morte deixasse o morto. Quem foi esse homem que falava tão facilmente com crianças e pescadores, com viúvas e ondas? Essa é a pergunta que se repete há séculos e que chega até nós hoje.

SUA HISTÓRIA FOI EXTRAORDINÁRIA. Considerava-se divino, entretanto permitiu que um soldado raso do exército romano enfiasse um prego em seu pulso. Exigiu pureza, porém levantou-se para defender os direitos de uma prostituta arrependida. Chamou os homens a marchar, todavia não admitiu que o chamassem Rei. Enviou homens ao mundo, mas equipou-os apenas com joelhos dobrados e lembranças de um carpinteiro ressurreto.

NÃO PODEMOS CONSIDERÁ-LO SIMPLESMENTE UM BOM MESTRE. Suas declarações são demasiadamente ultrajantes para limitá-lo à companhia de Sócrates ou Aristóteles. Também não podemos categorizá-lo como mais um dos muitos profetas enviados para revelar verdades eternas. Suas próprias declarações eliminam essa possibilidade.

QUEM É ELE? Esta é minha oração: que, à medida que você ler este livro, Jesus deixe de ser uma figura disforme, saída de uma miragem no deserto, para transformar-se na face tangível de um grande amigo. Minha ideia é simples. Vamos visitar alguns lugares por onde ele passou e algumas pessoas em quem tocou. Junte-se a mim em uma busca por sua "Deus-humanidade". Você pode se maravilhar.

O que é ainda mais importante é que você pode ser transformado.

MAX LUCADO

Ele acalmou a tempestade com uma ordem.

Ele ressuscitou o morto com uma proclamação.

Ele redirecionou a história do mundo com a vida.

SUA MORTE

Jesus...

A mão que sustentou o universo recebeu o cravo de um soldado.

Ela envolveu os anjos e fascinou os pastores nos campos de Belém.

Jesus a irradia.

João a contemplou.

Pedro a testemunhou no monte da transfiguração.

Cristo voltará entronizado nela.

O céu será iluminado por ela.

Um vislumbre, um bocado, uma amostra,
e sua fé nunca mais será a mesma...

Glória.

Glória de Deus.

Todo ato celestial revela a glória de Deus. Todo ato de Jesus também a revela.

ISTO NÃO É PARA MIM

GLÓRIA!

Misericórdia
é o mais profundo ato
de bondade.

Estava sendo servido o jantar, e o Diabo já havia induzido Judas Iscariotes, filho de Simão, a trair Jesus. Jesus sabia que o Pai havia colocado todas as coisas debaixo do seu poder, e que viera de Deus e estava voltando para Deus; assim, levantou-se da mesa, tirou sua capa e colocou uma toalha em volta da cintura [...] e começou a lavar os pés dos seus discípulos, enxugando-os com a toalha que estava em sua cintura.

João 13.2-5

Jesus lava os pés dos discípulos

O DIA É LONGO. Jerusalém está cheia de convidados para a Páscoa, e a maioria clama por um olhar do Mestre. O sol de primavera é quente. As ruas estão secas. Os discípulos estão bem longe de casa. Um punhado de água limpa seria refrescante.

Os discípulos entram na sala, um a um, e assumem seus lugares em torno da mesa. Na parede há uma toalha pendurada e, no chão, um jarro e uma bacia. Qualquer um dos discípulos poderia ter-se oferecido como voluntário para a tarefa, mas nenhum deles o fez.

Depois de alguns instantes, Jesus se levanta e remove sua roupa de cima. Enrola um cinto de servo na cintura, pega a bacia e se ajoelha diante de um dos discípulos. Desata uma sandália, ergue gentilmente aquele pé e o coloca na bacia, cobrindo-o com água, e começa a banhá-lo. Um a um, um pé encardido atrás do outro, Jesus faz seu trabalho diante de todos.

Nos dias de Jesus, a lavagem dos pés era uma tarefa reservada não apenas a servos, mas aos servos mais humildes... O servo dos servos era quem deveria se ajoelhar com a toalha e a bacia.

Nessa ocasião, aquele que usava a toalha e a bacia era o Rei do universo. Mãos que moldaram estrelas agora retiram sujeira. Dedos que formaram montanhas agora massageiam artelhos. Aquele diante de quem todas as nações um dia se prostrarão agora se ajoelha diante de seus discípulos. Horas antes de sua morte, a preocupação de Jesus é singular. Ele quer que seus discípulos saibam quanto ele os ama.

Você pode ter certeza de que Jesus sabe o futuro desses pés que está lavando. Aqueles 24 pés não passarão o próximo dia seguindo seu Mestre, defendendo sua causa. Aqueles pés vão correr atrás de abrigo diante do menor brilho de uma espada romana. Apenas um par de pés não vai abandoná-lo no jardim... Judas não vai sequer chegar tão longe! Ele abandonará Jesus naquela mesma noite, à mesa.

Que momento arrebatador aquele em que Jesus silenciosamente ergue os pés de seu traidor e os lava na bacia.

Jesus sabe o que aqueles homens estão prestes a fazer. Ele sabe que estão prestes a realizar o ato mais vil de sua vida. Pela manhã, abaixarão a cabeça de vergonha e olharão para seus pés com repugnância. O desejo de Jesus é que, ao fazerem isso, se lembrem de como os joelhos dele se dobraram diante de cada um para lavar seus pés.

Ele lhes perdoou os pecados antes mesmo que os cometessem. Ofereceu misericórdia antes mesmo de a buscarem.

Simplesmente como Jesus

Contente por ser conhecido como um carpinteiro.

FELIZ POR SER CONFUNDIDO COM O JARDINEIRO.

ELE SERVIU SEUS SEGUIDORES LAVANDO-LHES OS PÉS.

ELE NOS SERVE AO FAZER O MESMO.

A cada manhã ele nos concede beleza.

A cada domingo ele nos chama a sua mesa.

A cada momento ele está presente em nosso coração.

APRENDA A COMPARTILHAR UM AMOR QUE VALE A PENA.

DEUS NUNCA FOI TÃO SOBERANO

como nos detalhes

da morte de seu Filho.

Os sofrimentos de seu coração partido

VENHA COMIGO, POR UM MOMENTO, para testemunhar aquela que talvez tenha sido a noite mais escura da história. A cena é bastante simples; você a reconhecerá rapidamente. Um bosque de oliveiras retorcidas. Grandes pedras espalhadas pelo chão. Uma cerca de pedra bem baixa. Uma noite escura, muito escura.

Agora, veja a cena. Olhe com atenção por entre a folhagem. Vê aquela pessoa? Aquela figura solitária? O que ela está fazendo? Está estirada no chão. O rosto está sujo de poeira e lágrimas. Os punhos golpeiam o chão duro. Os olhos estão arregalados pelo estupor do medo. O cabelo está emaranhado pelo suor salgado. Aquilo na sua testa seria sangue?

É Jesus. Jesus no jardim do Getsêmani.

Talvez você já tenha visto o retrato clássico de Cristo no jardim. Ajoelhado perto de uma grande pedra. Vestes brancas como a neve. Mãos tranquilas unidas em oração. Olhar de serenidade no rosto. Um halo sobre a cabeça. Uma luz, como a de um refletor, descendo do céu, iluminando-lhe o cabelo castanho-claro.

Bem, não sou artista, mas uma coisa posso lhe dizer. O homem que fez aquela pintura não se baseou no evangelho de Marcos. Quando escreveu sobre a noite dolorosa, ele usou frases como: "Começou a ficar aflito e angustiado", "A minha alma está profundamente triste" e "Indo um pouco mais adiante, prostrou-se".

Por acaso isso se parece com a imagem de um Jesus pio, descansando na palma da mão de Deus? Dificilmente. Por acaso isso se parece com a imagem de um Jesus pio, descansando na palma da mão de Deus? Dificilmente. Marcos usou tinta preta para descrever essa cena. Vemos um Jesus agonizante, tenso e em conflito. Vemos "um homem de dores" (Is 53.3). Vemos um homem brigando com o medo, lutando contra comprometimentos e desejoso de obter alívio.

Vemos Jesus na obscuridade de um coração partido.

Mais tarde, o autor de Hebreus escreveria: "Durante os seus dias de vida na terra, Jesus ofereceu orações e súplicas, em alta voz e com lágrimas, àquele que o podia salvar da morte" (Hb 5.7).

Puxa, que imagem! Jesus sente dor. Jesus está com medo. Jesus está recoberto não de santidade, mas de humanidade.

Da próxima vez que a obscuridade o encontrar, seria bom relembrar de Jesus no jardim. Da próxima vez que achar que ninguém o entende, releia Marcos 14. Da próxima vez que a autopiedade convencê-lo de que ninguém se importa com você, faça uma visita ao Getsêmani. E da próxima vez que ficar na dúvida se Deus realmente percebe a dor que predomina neste planeta poeirento, ouça-o orando por entre as árvores retorcidas.

Da próxima vez que for chamado a sofrer, preste atenção. Talvez seja a situação na qual você chegará mais perto de Deus. Olhe com cuidado. É bem possível que a mão que se estende para conduzi-lo à saída da obscuridade seja uma mão perfurada.

SEU NOME É SALVADOR

JESUS É TRAÍDO POR JUDAS

O QUE VOCÊ FAZ quando é traído? Vai embora? Fica irritado? Dá o troco? É preciso lidar com a traição de algum modo. Vejamos como Jesus lidou com ela.

É preciso notar como Jesus viu Judas. "Jesus perguntou: 'Amigo, o que o traz?'" (Mt 26.50).

De todos os nomes que eu escolheria para Judas, "amigo" não seria um deles. O que Judas fez a Jesus foi terrivelmente injusto. Não há indicação de que Jesus tenha maltratado Judas em alguma ocasião. Nenhum indício de que Judas tenha sido rejeitado ou deixado de lado. Durante a última ceia, quando Jesus disse aos discípulos que seu traidor estava sentado à mesa, ninguém se virou para a pessoa ao lado e sussurrou: "É Judas. Jesus nos disse que ele ia fazer isso".

Eles não sussurraram porque Jesus nunca disse isso. Ele já sabia. Sabia o que Judas faria, mas tratou o traidor como se ele fosse fiel.

A injustiça fica ainda mais clara quando se considera que a traição foi ideia de Judas. Os líderes religiosos não o procuraram; foi Judas quem os procurou. "E [Judas] lhes perguntou: 'O que me darão se eu o entregar a vocês?'" (Mt 26.15). A traição teria sido mais palatável se Judas tivesse recebido alguma proposta dos líderes, mas não foi assim. Foi ele quem lhes fez uma proposta.

E o método de Judas... Mais uma vez, por que ele usou um beijo? (Mt 26.48-49).

E por que tinha de chamá-lo de "Mestre"? (Mt 26.49). Esse era um título de respeito. Que incongruência entre suas palavras, obras e ações — eu não teria chamado Judas de "amigo".

Mas foi exatamente assim que Jesus o chamou.

Por quê? Jesus podia ver algo que nós não podemos. . .

Jesus sabia que Judas fora seduzido por um adversário poderoso. Tinha consciência da astúcia das palavras de Satanás (ele mesmo já as havia escutado). Sabia como foi difícil para Judas fazer o que era certo.

Ele não justificou o que Judas fez. Não minimizou os fatos. Também não relevou sua escolha. Pelo contrário, olhou bem nos olhos do traidor e tentou entender.

Enquanto você odeia seu inimigo, a porta da prisão fica fechada e o prisioneiro, detido. Mas, quando você tenta entender e liberta seu inimigo do ódio que sente por ele, então o prisioneiro é libertado; e o prisioneiro é você.

QUANDO OS ANJOS SILENCIARAM

João nos diz que "Judas foi para o olival, levando consigo um destacamento de soldados e alguns guardas enviados pelos chefes dos sacerdotes e fariseus" (Jo 18.3). ❋ Sempre tive a impressão de que Jesus fora preso por um punhado de soldados. Estava errado. Foram despachados no mínimo duzentos soldados para lidar com um único carpinteiro e seus onze amigos! ❋ Também estavam presentes "alguns guardas". Era a polícia do templo. Eram designados para o Lugar Santíssimo durante a época mais agitada do ano. Provavelmente estavam entre os melhores de Israel. ❋ Judas também estava lá. Era alguém de dentro. Satanás não apenas havia recrutado romanos e judeus, mas também se infiltrou no gabinete. O inferno devia estar em festa. Não havia como Jesus escapar. Satanás bloqueara todas as saídas. Seus oficiais anteciparam todos os movimentos, exceto um. ❋ Jesus não tinha intenção de correr. Não planejava fugir. Não viera ao jardim para uma retirada. O que encontraram entre as árvores não foi um covarde; encontraram um vencedor.

NO DIA ANTERIOR
À CRUCIFICAÇÃO,

Jesus tomou sua decisão.

PREFERIA

ir ao inferno por você

A IR AO CÉU SEM VOCÊ.

Pedro nega conhecer Jesus

Pedro se vangloriara: "Ainda que todos te abandonem, eu nunca te abandonarei!" (Mt 26.33). Mas ele o abandonou.

Levantou-se e saiu do esconderijo; seguiu o barulho até que viu um júri reunido no pátio de Caifás, iluminado por tochas.

Parou perto de uma fogueira e aqueceu as mãos. Outras pessoas perto do fogo o reconheceram. "Você também estava com Jesus, o galileu", disseram, desafiando-o. "Este homem estava com o Nazareno". As pessoas disseram isso três vezes e, em todas elas, Pedro negou. E Jesus ouviu tudo.

Por favor, entenda que o personagem principal desse drama da negação não é Pedro, mas Jesus. Jesus, que conhece o coração de todas as pessoas, sabia da rejeição de seu amigo. Por três vezes o sal da deslealdade de Pedro atingiu as feridas do Messias.

Como posso ter certeza de que Jesus sabia? Por causa do que ele fez. Então "o Senhor voltou-se e olhou diretamente para Pedro" (Lc 22.61). Quando o galo cantou, Jesus se virou. Seus olhos procuraram Pedro e o encontraram. Naquele momento, não havia soldados, acusadores, nem sacerdotes. Naquele momento antes do amanhecer em Jerusalém havia apenas duas pessoas: Jesus e Pedro.

Pedro jamais esqueceria aquele olhar.

O julgamento diante de Pilatos

O julgamento mais famoso da história está prestes a começar.

O JULGAMENTO É CURTO e aristocrático, com olhares rápidos e vestes caras. Seu cabelo grisalho está cortado e o rosto, barbeado. Está apreensivo, nervoso por não ter saída, senão tomar uma decisão. Dois soldados o conduzem pelas escadas de pedra da fortaleza até um pátio aberto. Feixes de luz solar matutina se espalham pelo chão de pedra.

Assim que entra, soldados sírios usando togas curtas se perfilam, com as lanças eretas e o olhar diretamente à frente. O piso do local onde estão é um mosaico de pedras lisas e largas de cor marrom. No chão estão entalhados os jogos que os soldados fazem enquanto esperam a sentença do prisioneiro.

Mas, na presença do procurador, eles não jogam.

Um trono é colocado numa plataforma cinco degraus acima do piso. O magistrado sobe e assume seu lugar. O acusado é trazido à sala e colocado abaixo dele. Um grupo de religiosos paramentados se dirige a um lado da sala e ali permanece, em pé.

Pilatos olha para aquela figura solitária.

— Você é o rei dos judeus?

Pela primeira vez, Jesus ergue os olhos. Ele não levanta a cabeça; apenas ergue os olhos. Observa o procurador com a testa abaixada. Pilatos se surpreende com o tom da voz de Jesus.

— Tu o dizes.

Antes que Pilatos pudesse responder, o grupo de líderes judeus, postado no canto da sala, zomba do acusado.

— Vê? Ele não tem respeito.

— Ele provoca o povo!

— Ele se diz rei!

Pilatos não lhes dá ouvidos. São palavras deles. Nenhuma defesa. Nenhuma explicação. Nenhum pânico. O galileu está olhando para o chão de novo.

Há algo naquele rabi do interior que chama a atenção de Pilatos. Ele é diferente daquelas pessoas de coração mole que estão do lado de fora. Ele não é como os líderes com barba até o peito que, num momento, se gabam de um Deus soberano e, no seguinte, imploram por menos impostos. Os olhos dele não são flamejantes como os dos zelotes, estorvos para a *Pax Romana* que o procurador tenta manter. Ele é diferente, esse Messias interiorano. . .

Pilatos quer libertar Jesus. "Dê-me apenas uma razão para isso", pensa ele, quase em voz alta. "Assim posso libertá-lo".

Seus pensamentos são interrompidos por um toque no ombro. Um mensageiro se inclina e sussurra. Estranho. A mulher de Pilatos enviou-lhe uma mensagem para que não se envolvesse no caso. Era algo relacionado a um sonho que tivera.

Pilatos retorna a seu trono, senta-se e olha para Jesus. "Será que até os deuses estão do seu lado?", declara ele, sem nenhuma explicação.

Ele já havia sentado naquele trono antes. Era uma cadeira imperial, azul-cobalto, com pernas grossas e ornamentadas. O trono tradicional das decisões. Ao sentar-se nela, Pilatos transforma qualquer sala ou rua num tribunal. É dali que ele profere decisões.

Quantas vezes ele se sentou ali? Quantas histórias ouviu? Quantos apelos recebeu? Quantos olhos arregalados olharam para ele, implorando misericórdia, suplicando por absolvição?

Mas os olhos desse nazareno são calmos, quietos. Não gritam. Não fogem. Pilatos os analisa em busca de ansiedade, de raiva. Mas não as entrevê. O que encontra o faz mexer-se novamente.

"Ele não está irritado comigo. Não tem medo, parece compreender."

Pilatos está correto em sua observação. Jesus não tem medo. Ele não está irado. Não está à beira do pânico, pois não está surpreso. Jesus sabe a hora e sabe que sua hora chegou.

Pilatos está correto em sua curiosidade. Se Jesus é um líder, onde estão seus seguidores? Se ele é o Messias, o que planeja fazer? Se ele é um mestre, por que os líderes religiosos ficaram tão irritados com ele?

Pilatos também está correto em sua pergunta: "Que farei então com Jesus, chamado Cristo?" (Mt 27.22).

Pode ser que, como Pilatos, você também esteja curioso em relação a essa pessoa chamada Jesus. Tal como Pilatos, você está perplexo diante de suas declarações e tocado por suas paixões.

O que se faz com um homem que se diz Salvador, mas que, ainda assim, condena sistemas? O que fazer com um homem que sabe o local e a hora de sua morte, mas, mesmo assim, se encaminha para lá?

A pergunta de Pilatos também é pertinente a você. "Que farei então com Jesus, chamado Cristo?"

Você tem duas opções.

Você pode rejeitá-lo. Essa é uma opção. Como muitos fizeram, você pode achar que a ideia de Deus tornar-se um carpinteiro é bizarra demais — e ir embora.

Ou você pode aceitá-lo. Pode caminhar com ele. Pode ouvir sua voz no meio de centenas de outras e segui-lo.

QUANDO OS ANJOS SILECIARAM

Cristo viveu a vida que não poderíamos viver

E RECEBEU A PUNIÇÃO QUE NÃO PODERÍAMOS SUPORTAR

para oferecer uma esperança à qual não poderíamos resistir.

Jesus

POR QUÊ?

POR QUÊ?

Jesus ficou suficientemente irado para purificar o templo,

suficientemente faminto para comer cereal cru,

suficientemente atormentado para chorar em público,

gostava tanto de alegria a ponto de ser chamado de bêbado,

era simpático o bastante para atrair crianças,

ficou cansado o suficiente para dormir num barco castigado por uma tempestade,

foi pobre o suficiente para dormir no chão e pedir uma moeda emprestada para ilustrar um sermão,

foi suficientemente radical para ser expulso da cidade,

suficientemente responsável para preocupar-se com sua mãe,

suficientemente tentado para saber qual era o cheiro de Satanás,

e ficou apreensivo o suficiente para transpirar sangue.

POR QUÊ? Por que o Filho mais ilustre do céu suportaria a pior dor da terra? Para que você soubesse que "Jesus pode ajudar os que são tentados, pois ele mesmo foi tentado e sofreu" (Hb 2.18, NTLH).

Independentemente do que você esteja sentindo, ele sabe como você se sente.

Ele, que pode escavar o Grand Canyon

COM O DEDO MÍNIMO,

ACHA QUE VALE A PENA

morrer por você num madeiro romano.

Os soldados queriam o sangue de Jesus

Os soldados? *Eles queriam sangue.*

Portanto, açoitaram Jesus. O chicote do legionário consistia em tiras de couro com bolas de chumbo em cada ponta. Seu objetivo era singular: bater no acusado até que ele ficasse a um centímetro da morte e, então, parar. Eram permitidas 39 chibatadas, mas raramente essa quantidade era necessária. Um centurião monitorava o estado do prisioneiro. Não há dúvida de que Jesus estava à beira da morte quando suas mãos foram desamarradas e ele caiu bruscamente no chão.

O açoitamento foi o primeiro ato dos soldados.

A crucificação foi o terceiro. (Não, eu não pulei o segundo. Chegaremos lá daqui a pouco.) Embora suas costas estivessem listradas de feridas, os soldados colocaram a travessa da cruz nos ombros de Jesus, fizeram que ele andasse até o lugar da Caveira e o executaram.

Não culpamos os soldados por esses dois atos. Afinal de contas, eles estavam simplesmente seguindo ordens. Mas o que é difícil entender é o que eles fizeram no período compreendido entre esses dois eventos. Veja a descrição de Mateus:

"Então Pilatos [...] mandou açoitar Jesus e o entregou para ser crucificado. Então, os soldados do governador levaram Jesus ao Pretório e reuniram toda a tropa ao seu redor. Tiraram-lhe as vestes e puseram nele um manto vermelho; fizeram uma coroa de espinhos e a colocaram em sua cabeça. Puseram uma vara em sua mão direita e, ajoelhando-se diante dele, zombavam: 'Salve, rei dos judeus!' Cuspiram nele e, tirando-lhe a vara, batiam-lhe com ela na cabeça. Depois de terem zombado dele, tiraram-lhe o manto e vestiram-lhe suas próprias roupas. Então o levaram para crucificá-lo" (Mt 27.26-31).

A tarefa dos soldados era simples: levar o Nazareno à colina e matá-lo. Mas eles tinham outra coisa em mente. Queriam se divertir um pouco mais antes de cumprir a missão. Soldados fortes, descansados e armados cercaram um carpinteiro galileu exausto e quase morto e o espancaram. O castigo foi uma ordem. A crucificação foi uma ordem. Mas quem poderia encontrar prazer em cuspir num homem semimorto?

O ato de cuspir não tem o propósito de ferir o corpo — não pode fazê-lo. Cuspir tem o propósito de degradar a alma — e pode fazê-lo. O que os soldados estavam fazendo? Não estavam se promovendo à custa de outra pessoa? Sentiam-se grandes ao fazer Cristo parecer pequeno.

Permita que o cuspe dos soldados represente a imundície em nosso coração. Então observe o que Jesus faz com nossa sujeira. Ele a leva até a cruz.

Por meio do profeta, ele disse: "Não escondi a face da zombaria e dos cuspes" (Is 50.6). Misturada com o sangue e o suor estava a essência de nosso pecado.

Deus poderia ter feito diferente. No plano de Deus, vinho foi oferecido para sua garganta; por que não ofereceram uma toalha para seu rosto? Simão carregou a cruz de Jesus, mas não limpou a face dele. Os anjos estavam a apenas uma oração de distância. Não poderiam ter limpado os cuspes?

Sim, poderiam, mas Jesus não ordenou que o fizessem. Por alguma razão, aquele que escolheu os cravos também escolheu a saliva. Junto com a lança e a esponja do homem, ele suportou o cuspe do homem.

Aquele que não conheceu pecado assumiu a face de um pecador, de modo que nós, pecadores, pudéssemos assumir a face de um santo.

A COROA DE ESPINHOS

UM SOLDADO ANÔNIMO pegou ramos — maduros o suficiente para ter espinhos, flexíveis o suficiente para se curvarem — e os arrumou de forma a imitar uma coroa de zombaria, uma coroa de espinhos.

Nas Escrituras, os espinhos simbolizam não o pecado, mas a consequência do pecado. Lembra-se do Éden? Depois de Adão e Eva terem pecado, Deus amaldiçoou a terra: "Maldita é a terra por sua causa [. . .]. Ela lhe dará espinhos e ervas daninhas, e você terá que alimentar-se das plantas do campo" (Gn 3.17-18). O mato na terra é resultado do pecado no coração.

O fruto do pecado são os espinhos — afiados, pontudos e cortantes.

Dou destaque para a "ponta" dos espinhos para sugerir um ponto que talvez você nunca tenha considerado: se o fruto do pecado são os espinhos, a coroa de espinhos na fronte de Cristo não seria uma imagem do fruto do nosso pecado que traspassou seu coração?

Qual é o fruto do pecado? Siga pelo caminho florido da humanidade e sinta alguns espinhos. Vergonha. Medo. Desgraça. Desânimo. Ansiedade. Nosso coração já não tropeçou nesses arbustos?

O coração de Jesus, porém, jamais passou por isso. Ele nunca foi cortado pelos espinhos do pecado. O que eu e você enfrentamos diariamente, ele jamais conheceu. Ansiedade? Ele nunca se preocupou! Culpa? Ele nunca foi culpado de nada! Medo? Ele nunca saiu da presença de Deus! Jesus nunca conheceu os frutos do pecado. . . até que se tornou pecado por nós.

Ele escolheu os cravos

Simão de Cirene carrega a cruz de Jesus

Certo homem de Cirene, chamado Simão, pai de Alexandre e de Rufo, passava ali, chegando do campo. Eles o forçaram a carregar a cruz.

MARCOS 15.21

SIMÃO RECLAMA baixinho. Sua paciência é tão pequena quanto o espaço livre nas ruas de Jerusalém. Tinha esperanças de ter uma Páscoa tranquila. A cidade está qualquer coisa, menos tranquila. Simão prefere os campos abertos. E agora, além de tudo isso, os guardas romanos estão abrindo caminho para a passagem de sabe-se lá qual dignitário, momento em que os soldados vão marchar e desfilar seus garanhões diante das pessoas.

"Lá está ele!"

A cabeça de Simão e a de dezenas de outros se viram. Percebem imediatamente que não se trata de um dignitário.

"É uma crucificação", ouve alguém dizer. Quatro soldados. Um criminoso. Quatro lanças. Uma cruz. O ângulo interno da cruz está sobre os ombros do condenado. Sua base se arrasta pelo chão. A parte superior balança no ar. O homem condenado tenta carregá-la de alguma maneira, mas tropeça diante de seu peso. Esforça-se para ficar em pé de novo e se inclina para a frente antes de cair novamente. Simão não consegue ver o rosto do homem, somente uma cabeça cingida de ramos espinhosos.

Um centurião com cara de poucos amigos fica ainda mais agitado com a diminuição da marcha. Ele xinga o criminoso e a multidão.

"Mais rápido!"

"Duvido muito", diz Simão a si mesmo.

Aquele que leva a cruz para na frente de Simão, ofegante, em busca de ar. Simão estremece diante do que vê. A travessa esfrega as costas em carne viva. Cascatas vermelhas escorrem da face do homem. Sua boca permanece aberta, tanto pela dor como pela falta de ar.

"Seu nome é Jesus", diz alguém com voz suave. "Prossiga!", ordena o carrasco.

Mas Jesus não consegue. Seu corpo se inclina e os pés tentam se mover, mas ele não consegue. A travessa começa a oscilar. Jesus tenta firmá-la, mas não tem forças. Tal como uma árvore cortada há pouco, a cruz começa a cair na direção da multidão. Todos se afastam, exceto o fazendeiro. Simão instintivamente estende suas mãos fortes e pega a cruz.

Jesus cai com o rosto no chão e ali permanece. Simão afasta a cruz para o lado. O centurião olha para o Cristo exausto e para o observador corpulento, e não leva muito tempo para tomar sua decisão. Toca o ombro de Simão com a parte plana de sua lança.

— Você! Pegue a cruz!

Simão ousa reclamar.

— Senhor, eu nem sequer conheço esse homem!

— Não importa. Pegue a cruz!

Simão resmunga, sai do meio da multidão na direção da rua, equilibra o madeiro em seu ombro, saindo do anonimato para a história, e torna-se o primeiro de uma linhagem de milhões que tomarão a cruz e seguirão a Cristo.

Ele fez de modo literal aquilo que Deus nos chama a fazer de maneira figurada: tomar a cruz e seguir Jesus. "Se alguém quiser acompanhar-me, negue-se a si mesmo, tome diariamente a sua cruz e siga-me" (Lc 9.23).

A CRUZ.

É estranho que uma ferramenta de tortura

TENHA PERSONIFICADO UM
MOVIMENTO DE ESPERANÇA.

A placa na cruz de Cristo

"Este é o rei dos judeus."

Uma placa pintada à mão, um sinal exigido pelos romanos. . . .

Por que uma placa foi colocada acima da cabeça de Jesus?

Por que as palavras foram escritas em três idiomas?

Seria essa peça de madeira um retrato da dedicação de Deus? Um símbolo de sua paixão, que falasse a todos sobre seu Filho?

O objetivo de Pilatos foi ameaçar e zombar dos judeus. Mas Deus tinha outro propósito. Pilatos foi instrumento de Deus para espalhar o evangelho.

Qualquer passante poderia ler a placa, pois qualquer passante poderia ler hebraico, latim ou grego — os três grandes idiomas do mundo antigo. "Hebraico era o idioma de Israel, a língua da religião; latim era o idioma dos romanos, a língua da lei e do governo; e grego era o idioma da Grécia, a língua da cultura. Cristo foi declarado rei em todos eles" (McHugh e McHugh, *The Trial of Jesus*). Deus tinha uma mensagem para cada um. "Cristo é rei." A mensagem foi a mesma, mas os idiomas eram diferentes, uma vez que Jesus era um rei para todos os povos.

Dois ladrões, duas cruzes

LUGAR DA CAVEIRA — exposto ao vento e pedregoso. O ladrão — esquelético e pálido.

Sua situação é deplorável. Está dando o último passo na descida da escada do fracasso. Um crime após outro. Uma rejeição atrás da outra. Desceu cada vez mais baixo até que alcançou o fundo — a travessa de uma cruz e três cravos.

Não consegue esconder quem é. Sua única roupa é a capa de sua desgraça. Nada de conversa para impressionar. Nenhum destaque no currículo. Nenhum prêmio na escola dominical. Apenas uma história nua e crua de fracasso.

Ele vê Jesus. . .

Ouve a zombaria e os insultos, e nota que o homem permanece quieto. Vê o sangue fresco no rosto de Jesus, a coroa de espinhos arranhando seu couro cabeludo e ouve o sussurro rouco: "Pai, perdoa-lhes".

Por que querem matá-lo?

Lentamente a curiosidade do ladrão neutraliza a dor de seu corpo. Por um instante, ele esquece a dor dos pregos roçando os ossos de seus pulsos e a câimbra nas panturrilhas.

Começa a sentir um calor estranho em seu coração. Começa a se importar; começa a se interessar por aquele mártir pacífico.

Não há raiva nos olhos dele, apenas lágrimas.

Olha para o grupo de soldados lançando dados no chão, apostando para ver quem fica com uma capa rasgada. Vê a placa acima da cabeça de Jesus. Está escrito, com sarcasmo, "Rei dos judeus".

QUANDO LHE FOI PEDIDO QUE DESCREVESSE

a extensão de seu amor,

Cristo estendeu uma das mãos para a direita
e a outra para a esquerda, e nessa posição
elas foram pregadas

para que você soubesse que ELE MORREU POR AMOR A VOCÊ.

ele morreu por amor a você.

A HISTÓRIA DO CANALHA CRUCIFICADO

Se havia alguém que não valia nada, era ele. Se algum homem já mereceu morrer, esse certamente era seu caso. Se já houve perdedores, aquele estava no topo da lista. Talvez essa tenha sido a razão de Jesus tê-lo escolhido para nos mostrar o que ele acha da raça humana.

Talvez esse criminoso tenha ouvido o Messias pregar. Talvez o tenha visto amar o pobre. Talvez o tenha visto jantar com os rebeldes, os batedores de carteira e os desprezados nas ruas. Ou talvez não.

Talvez a única coisa que ele soubesse em relação a esse Messias fosse aquilo que ele via naquele instante: um pregador agredido, açoitado e suspenso por pregos. Sua face vermelha de sangue, seus ossos aparecendo por entre a carne dilacerada, seus pulmões procurando ar com grande esforço.

Contudo, algo lhe diz que nunca esteve em melhor companhia. De algum modo, ele percebeu que, muito embora tudo o que tivesse fosse uma oração, ele finalmente encontrara aquele a quem dirigi-la.

SEU NOME É SALVADOR

Não foram pregos que prenderam Deus a uma cruz.

Foi o amor

"Pai, perdoa-lhes."

A conversa naquela manhã de sexta-feira foi amarga.

Dos que assistiam, veio a frase: "Salve-se! Desça da cruz, se é Filho de Deus!".

Dos líderes religiosos: "Salvou os outros, mas não é capaz de salvar a si mesmo!".

Dos soldados: "Se você é o rei dos judeus, salve-se a si mesmo".

Palavras amargas. Ácidas de tanto sarcasmo. Abomináveis. Irreverentes. Já não era suficiente o fato de ele ser crucificado? Não bastava passar pela vergonha de ser considerado criminoso? Os cravos não eram suficientes? Por acaso a coroa de espinhos era macia? Será que o espancamento foi curto demais?

Para alguns, aparentemente sim. . .

Das cenas em torno da cruz, essa é a que mais me irrita. Pergunto-me: que tipo de pessoa zombaria de um moribundo? Quem seria tão desprezível a ponto de jogar o sal da zombaria sobre feridas abertas? Que coisa mais vil e pervertida zombar de alguém afligido por tamanhas dores.

As palavras lançadas naquele dia tinham o propósito de ferir. E não há nada mais doloroso que palavras cujo objetivo é machucar.

Se você já sofreu ou está sofrendo por causa das palavras de alguém, então ficará feliz em saber que existe um bálsamo para essa aflição. Medite nestas palavras de 1Pedro 2.23:

"Quando insultado, não revidava; quando sofria, não fazia ameaças, mas entregava-se àquele que julga com justiça."

Viu o que Jesus não fez? Ele não retaliou. Ele não mordeu para revidar. Não disse: "Vou pegar você um dia!", "Venha até aqui e diga isso na minha cara!", "Espere até a ressurreição, amigo!". Não, essas declarações não foram achadas nos lábios de Cristo.

Viu o que Jesus realmente fez? Ele se entregou "àquele que julga com justiça". Ou, dito de maneira mais simples, deixou o julgamento nas mãos de Deus. Ele não assumiu a tarefa de buscar vingança. Não exigiu um pedido de desculpas. Não contratou caçadores de criminosos nem enviou nenhum bando para procurar as pessoas. Agindo de maneira totalmente oposta, ele falou em defesa daquelas pessoas. "Pai, perdoa-lhes, pois não sabem o que estão fazendo" (Lc 23.34).

"NÃO SABEM O QUE ESTÃO FAZENDO."

Quando se pensa nisso, percebe-se que eles realmente não sabiam. Não faziam a menor ideia do que estavam fazendo. Era uma multidão histérica, enlouquecida diante de algo que não conseguia entender, de modo que, dentre todas as pessoas possíveis, jogaram tudo sobre Deus. Mas não sabiam o que estavam fazendo.

Sim, o diálogo naquela manhã de sexta-feira foi amargo. As pedras verbais tinham o propósito de perfurar. Com o corpo abatido pela dor, olhos cegados por seu próprio sangue e pulmões clamando por ar, o fato de Jesus ter falado em favor de assassinos sem coração está além da minha compreensão. Nunca, repito, nunca vi amor como esse. Se havia alguém que tinha direito de revidar, essa pessoa era Jesus. Mas ele não fez isso. Pelo contrário, morreu por eles. Como pôde fazer isso? Não sei. Mas o que de fato sei é que, de uma hora para outra, minhas feridas não doem mais. Minhas reclamações e ressentimentos repentinamente se tornam infantis.

Às vezes penso que podemos ver o amor de Cristo tanto em sua tolerância para com as pessoas como na dor que suportou.

Que graça maravilhosa!

Seu nome é Salvador

A cruz

Será possível olhar para algum lugar e não ver pelo menos uma? Empoleirada no alto de uma capela. Esculpida numa lápide. Gravada num anel ou suspensa por uma corrente. A cruz é o símbolo universal do cristianismo. Uma escolha improvável, não acha? É estranho que uma ferramenta de tortura tenha personificado um movimento de esperança. Os símbolos de outras confissões de fé são mais "para cima": a estrela de Davi, com suas seis pontas, a lua crescente do islamismo, a flor de lótus do budismo. Mas uma cruz para o cristianismo? Um instrumento de execução? ❋ Por que a cruz é o símbolo de nossa fé? Não é preciso olhar para longe da própria cruz para encontrar a resposta. Seu desenho não poderia ser mais simples. Uma travessa horizontal e outra vertical. Uma se estende, entra em contato — como o amor de Deus. A outra se eleva — como a santidade de Deus. Uma representa a largura de seu amor; a outra reflete a altura de sua santidade. A cruz é a intersecção. A cruz é o lugar onde Deus perdoou seus filhos sem abaixar seus padrões. ❋ Como ele poderia fazer isso? Numa única frase: Deus colocou nosso pecado sobre seu Filho e o puniu ali. ❋ "Deus o considerou culpado — ele que nunca fez nada errado — para que pudéssemos ser considerados sem pecado perante Deus" (2Co 5.21, MSG).

Ele escolheu os cravos

Jesus

Jesus passou cerca de três décadas

andando com dificuldade pela sujeira

e pela lama de nosso pecado, mas

ainda assim viu beleza suficiente

em nós para morrer por nossos erros.

"Aí está o seu filho!"
JOÃO 19.26

JESUS PEDE A JOÃO QUE CUIDE DE SUA MÃE

Maria está mais velha. O cabelo das têmporas, branco. Rugas em lugar da pele jovem. As mãos estão calejadas. Criara vários filhos e agora, contempla a crucificação do primogênito.

Pode-se pensar nas lembranças que lhe vêm à mente enquanto testemunha a tortura que ele sofre. O longo caminho até Belém, talvez. Uma cama de bebê feita de feno para alimentar vacas. Fugitivos no Egito. Em casa, em Nazaré. Pânico em Jerusalém. "Achei que ele estava com você!" Aulas de carpintaria. Risos à mesa de jantar.

Então, a manhã em que Jesus entrou em casa, depois de sair mais cedo da carpintaria, com olhar mais firme, voz mais direta. Ele ouvira as notícias. "João está pregando no deserto." Seu filho tira o avental de trabalho, limpa as mãos e, com um último olhar, diz adeus à mãe. Ambos sabiam que ele nunca mais seria o mesmo. Naquele último olhar eles compartilharam um segredo, a extensão completa daquilo que era doloroso demais para ser dito em voz alta.

Maria conheceu naquele dia a dor no coração que surge por se dizer adeus. Desde então, passou a amar seu filho à distância: ao lado da multidão, de fora de uma casa lotada, à beira-mar...

"Aí está o seu filho."

João apertou o braço com mais força em torno de Maria. Jesus pedia que ele fosse o filho de que uma mãe precisa e que, de certo modo, ele nunca foi.

Jesus olhou para Maria. A dor que sentiu era muito maior que a provocada pelos cravos e espinhos. No olhar silencioso, eles mais uma vez compartilharam um segredo. E ele disse adeus.

SEU NOME É SALVADOR

Jesus

Com sede na cruz

O último ato de Jesus teve por objetivo conquistar a sua confiança.

Mais tarde, sabendo então que tudo estava concluído, para que a Escritura se cumprisse, Jesus disse: "Tenho sede". Estava ali uma vasilha cheia de vinagre. Então embeberam uma esponja nela, colocaram a esponja na ponta de um caniço de hissopo e a ergueram até os lábios de Jesus. Tendo-o provado, Jesus disse: "Está consumado!" Com isso, curvou a cabeça e entregou o espírito.

JOÃO 19.28-30

ESSE É O ATO FINAL DA VIDA de Jesus. No último compasso de sua composição terrena, ouvimos os sons de um homem sedento.

Através de sua sede — por meio de uma esponja e de vinho barato — ele deixa um apelo final.

"Você pode confiar em mim."

Jesus. Lábios rachados e boca seca como algodão. Garganta ressecada a ponto de não poder engolir e voz tão rouca a ponto de quase não poder falar. Ele tem sede. O último momento em que algo molhado tocou aqueles lábios acontecera cerca de doze horas antes, na refeição realizada no cenáculo. Desde que tomara aquela taça de vinho, Jesus foi espancado, cuspido, ferido e cortado. Carregou uma cruz e carregou pecado, e nenhum líquido chegou à sua garganta. Ele tem sede.

Por que ele não faz alguma coisa em relação a isso? Não poderia fazer algo? Ele não transformou jarros de água em jarros de vinho? Não fez uma parede com a água do rio Jordão e duas paredes com as águas do mar Vermelho? Não foi ele que, com uma palavra, afugentou a chuva e acalmou as ondas? As Escrituras não dizem que ele "transforma o deserto em açudes" (Sl 107.35) e que faz "do rochedo uma fonte" (Sl 114.8)?

Deus não disse: "Derramarei água sobre o sedento" (Is 44.3, RA)?

Se é assim, por que Jesus passa sede?

Paralelamente a essa pergunta, adicionemos algumas. Por que ele ficou cansado em Samaria (Jo 4.6), foi admirado em Nazaré (Mc 6.6) e ficou irritado no templo (Jo 2.15)? Por que adormeceu no barco no mar da Galileia (Mc 4.38), por que chorou diante da sepultura de Lázaro (Jo 11.35) e por que teve fome no deserto (Mt 4.2)?

Por quê? E por que teve sede na cruz?

Ele não precisava ficar com sede. Pelo menos não no nível que sentiu. Seis horas antes lhe foi oferecida uma bebida, mas ele a recusou.

"Levaram Jesus ao lugar chamado Gólgota, que quer dizer lugar da Caveira. Então lhe deram vinho misturado com mirra, mas *ele não o bebeu.* E o crucificaram. Dividindo as roupas dele, tiraram sortes para saber com o que cada um iria ficar" (Mc 15.22-24, grifo do autor).

Antes de o cravo ser pregado, uma bebida foi oferecida. Marcos diz que o vinho estava misturado com mirra; Mateus diz que o vinho estava misturado com fel. Tanto a mirra quanto o fel possuem propriedades sedativas que entorpecem os sentidos. Mas Jesus os recusou. Recusou-se a ser entorpecido pelas drogas, optando em vez disso por sentir a força completa de seu sofrimento.

Por quê? Por que suportou todas essas sensações? Porque sabia que você as sentiria também.

Ele sabia que você ficaria cansado, admirado e irritado. Sabia que você sentiria sono, que seria afligido pela dor e que sentiria fome. Sabia que você enfrentaria dor. Ainda que não fosse a dor do corpo, seria a dor da alma, uma dor forte demais para qualquer droga. Sabia que você teria sede. Ainda que não fosse sede de água, pelo menos sede pela verdade, e a verdade que depreendemos da sede de Cristo é que ele nos entende.

E, porque Cristo nos entende, podemos ir a ele.

ELE ESCOLHEU OS CRAVOS

A colina está silenciosa agora. Não tranquila, mas silenciosa. Pela primeira vez naquele dia todo, não há ruído. O clamor começou a diminuir quando as trevas chegaram — aquela escuridão intrigante, bem ao meio-dia. Assim como a água põe fim ao fogo, as sombras puseram fim à zombaria. Chega de insultos. Chega de piadas. Chega de galhofa. E, com o passar do tempo, chega de zombadores. Um a um, os observadores se viraram e começaram a descer.

Ou melhor, todos os observadores, exceto eu e você. Não fomos embora. Viemos para aprender. Assim, permanecemos na semiescuridão e escutamos. Ouvimos os soldados xingando, os passantes questionando e as mulheres chorando. Acima de tudo, porém, ouvimos o trio de homens gemendo. Gemidos roucos, guturais, sedentos. Gemiam cada vez que mexiam a cabeça e sempre que se apoiavam nas pernas.

Contudo, à medida que os minutos foram se transformando em horas, esses gemidos diminuíram. Os três pareciam mortos. Não fosse pela respiração extremamente difícil, era possível dizer que já haviam morrido.

Então, ele gritou. Como se alguém tivesse puxado seus cabelos, a parte posterior da cabeça bateu contra a placa que apresentava seu nome, e ele gritou. Tal como uma adaga que corta uma cortina, seu grito cortou a escuridão. Colocando-se o mais ereto que os pregos lhe permitiam, ele gritou como alguém que chama um amigo ausente: "Eloí!".

Sua voz saiu áspera e estridente. Reflexos das tochas brilhavam em olhos arregalados. "Meu Deus!"

Ignorando a dor que jorrava como que de um vulcão, empurrou-se para cima até que seus ombros ficassem acima das mãos pregadas. "Por que me abandonaste?"

Os soldados olharam fixamente. O choro das mulheres cessou. Um dos fariseus olhou com desprezo e disse com sarcasmo: "Ele está chamando Elias".

Ninguém riu.

Ele lançou uma pergunta aos céus, e quase ficamos na expectativa de que os céus respondessem.

Ao que parece, os céus responderam. A face de Jesus se tranquilizou, e um amanhecer vespertino surgiu quando ele falou pela última vez: "Está consumado. Pai, nas tuas mãos entrego o meu espírito".

Quando deu seu último suspiro, a terra estremeceu repentinamente. Uma pedra rolou e um soldado tropeçou. Então, tão rapidamente quanto foi quebrado, o silêncio retornou.

Agora, tudo está quieto. A zombaria cessou. Não há mais de quem zombar.

Os soldados estão ocupados com o destino dos mortos. Chegam dois homens. Bem vestidos e bem-intencionados, recebem o corpo de Jesus.

ELE ESCOLHEU OS CRAVOS

Um grito de vitória

"ESTÁ CONSUMADO."

Pare e ouça. Consegue imaginar o grito que vem da cruz? O céu está escuro. As outras duas vítimas estão gemendo. As línguas mordazes estão caladas. Talvez haja algum trovão. Talvez haja choro. Talvez haja silêncio. Então, Jesus dá um suspiro profundo, empurra seus pés para baixo naquela cruz romana e grita: "Está consumado!".

O que está consumado?

O longo plano histórico de redenção do homem estava consumado. A mensagem de Deus ao homem estava consumada. As obras realizadas por Jesus como homem na terra estavam consumadas. A tarefa de selecionar e treinar embaixadores estava consumada. O trabalho estava concluído. A canção fora cantada. O sangue fora derramado. O sacrifício fora realizado. O aguilhão da morte fora removido. Tudo acabou.

Um grito de derrota? Dificilmente. Se suas mãos não estivessem presas para baixo, ouso dizer que um punho triunfante teria atingido o céu escuro. Não, esse não é um grito de desespero. É um grito de realização. Um grito de vitória. Um grito de completude. Sim, até mesmo um grito de alívio.

Acabou.

Um anjo suspira. Uma estrela enxuga uma lágrima.

“LEVE-ME PARA CASA.”

Sim, leve-o para casa.
Leve este príncipe ao seu rei.
Leve este filho ao seu pai.
Leve este peregrino ao seu lar.
(Ele merece um descanso.)

“LEVE-ME PARA CASA.”

Que venham dez mil anjos!
Venham e levem este trovador ferido
Ao aconchego dos braços de seu Pai!

Adeus, menino da manjedoura.
Bendito seja, santo embaixador.
Volte ao lar, matador da morte.
Descanse em paz, doce soldado.

A batalha terminou.

SEU NOME É SALVADOR

Está consumado?

Como Jesus pôde dizer que estava consumado? Ainda havia famintos a alimentar, doentes para curar, incultos a instruir, desprezados a amar. Como ele pôde dizer que estava consumado? Simples. Ele completara a tarefa que lhe fora designada. Sua comissão fora cumprida. O pintor podia colocar o pincel de lado, o escultor podia largar seu cinzel, o autor podia abandonar a pena. O trabalho fora realizado.

Simplesmente como Jesus

Você sente que precisa de incentivo?

Você precisa apenas parar aos pés da cruz
e lembrar-se disto:

O criador das estrelas
preferiu morrer por você
a viver sem você.

É isso é um fato.

Jesus

O centurião aos pés da cruz

O centurião estava acostumado à fatalidade. Com o passar dos anos, tornou-se insensível aos gritos do crucificado. Já havia dominado a arte de entorpecer seu coração. Mas aquela crucificação o atormentou.

O DIA COMEÇOU como centenas de outros: horrível. Já era suficientemente ruim estar na Judeia, mas era um inferno passar tardes quentes numa colina rochosa supervisionando a morte de batedores de carteira e agitadores. Metade da multidão insultava e a outra metade chorava. Os soldados reclamavam. Os sacerdotes controlavam. Era um trabalho ingrato numa terra estranha. Assim que levantava da cama, não via a hora de o dia terminar.

Ficou curioso diante da atenção dada ao camponês de pés chatos. Sorriu ao ler a placa que seria colocada na cruz. O condenado parecia qualquer coisa, menos um rei. Seu rosto estava sujo e ferido. Suas costas estavam levemente arqueadas e seus olhos se voltavam para baixo. "Algum caipira inofensivo", pensou o centurião. "O que será que ele fez?"

Então Jesus levantou a cabeça. Não estava irado. Não estava inquieto. Seus olhos pareciam estranhamente calmos por trás daquela máscara de sangue. Olhou para os que o conheciam — fitando deliberadamente cada rosto como se tivesse uma palavra para cada um.

Olhou para o centurião por apenas um instante — por um segundo, o romano olhou para os olhos mais puros que já vira. Não sabia o significado daquele olhar. Mas o olhar o fez engolir em seco; seu estômago parecia vazio. Enquanto olhava o soldado agarrar o Nazareno e jogá-lo no chão, algo lhe dizia que aquele não seria um dia comum.

Com o passar das horas, o centurião viu-se olhando mais e mais para aquele que estava na cruz central. Não sabia como reagir diante do silêncio do Nazareno. Não sabia o que fazer com sua bondade.

Acima de tudo, porém, ficou perplexo diante das trevas. Não entendia aquele céu negro no meio da tarde. Ninguém conseguia explicá-lo. . . Ninguém sequer tentou fazê-lo. Num minuto, sol; no minuto seguinte, trevas. Num instante, calor; no outro, uma brisa fria. Até os sacerdotes silenciaram.

Por bastante tempo o centurião ficou sentado numa pedra, olhando para as três figuras desenhadas diante de si. A cabeça deles ficava imóvel, movendo-se ocasionalmente de um lado para outro. A zombaria havia silenciado, misteriosamente. Aqueles que haviam chorado agora esperavam.

De repente, a cabeça do meio para de se mexer. Jogou-se para cima, ereta. Seus olhos se abriram num clarão branco. Um bramido cortou o silêncio. "Está consumado!" (Jo 19.30). Não foi um grito. Não foi um clamor. Foi um bramido, um rugido como o de um leão. O centurião não sabia de que mundo viera aquele rugido, mas sabia que não viera deste mundo.

O centurião levantou-se da pedra onde estava e deu alguns passos na direção do Nazareno. Conforme foi chegando perto, pôde ver que Jesus olhava para o céu. Havia algo em seus olhos que o soldado precisava ver. Mas, depois de apenas alguns passos, ele caiu. Levantou-se e caiu novamente. O chão estava tremendo, suavemente, no início, mas agora de maneira violenta. Tentou caminhar mais uma vez e só conseguiu dar uns poucos passos antes de cair aos pés da cruz.

Olhou para cima, na direção da face daquele moribundo. O Rei olhou para baixo, na direção do centurião calejado e idoso. As mãos de Jesus foram amarradas; não podiam se estender. Seus pés foram pregados à madeira; não podiam caminhar em sua direção. Sua cabeça pesava pela dor; ele mal conseguia se mexer. Mas seus olhos estavam em chamas.

Eram insaciáveis. Eram os olhos de Deus.

Talvez isso tenha feito o centurião dizer o que disse. Ele viu os olhos de Deus. Viu os mesmos olhos que foram vistos por uma adúltera seminua em Jerusalém, uma mulher divorciada e sem amigas em Samaria e um Lázaro morto havia quatro dias num cemitério. Os mesmos olhos que não se fecharam diante da visão da futilidade do homem, que não se afastaram diante dos fracassos do homem e que não estremeceram ao testemunhar a morte do homem. "Tudo bem", disseram os olhos de Deus. "Já vi as tempestades e, ainda assim, está tudo bem".

As convicções do centurião começaram a escorrer como rios. "Ele não era carpinteiro coisa nenhuma", falou para si mesmo. "Não era um simples camponês. Não era um homem comum".

Levantou-se e olhou ao redor, na direção das rochas que haviam caído e para o céu enegrecido. Voltou-se e olhou para os soldados, que olhavam para Jesus com o rosto congelado. Virou-se mais uma vez e viu os olhos de Jesus erguidos e voltados na direção de seu lar. Ouviu o que os lábios ressecados e a língua inchada disseram pela última vez.

"Pai, nas tuas mãos entrego o meu espírito" (Lc 23.46).

Se o centurião não tivesse dito isto, os soldados teriam. Se o centurião não tivesse dito isto, as pedras teriam — assim como os anjos, as estrelas, até mesmo os demônios. Mas ele disse. Coube a um estrangeiro anônimo declarar aquilo que todos sabiam.

"Verdadeiramente este era o Filho de Deus!" (Mt 27.54).

NÃO FORAM OS SOLDADOS QUE O MATARAM,

NEM OS GRITOS DA MULTIDÃO:

Foi sua devoção a nós

Seis horas, uma sexta-feira.

Para o observador desatento, as seis horas são triviais. Um pastor com suas ovelhas, uma dona de casa com seus pensamentos, um médico com seus pacientes. Mas para aquele punhado de testemunhas boquiabertas o mais insano dos milagres está acontecendo.

Deus está numa cruz. O criador do universo está sendo executado. Cuspe e sangue estão grudados em seu rosto, e seus lábios estão rachados e inchados. Espinhos rasgam seu couro cabeludo. Seus pulmões gritam de dor. Suas pernas se contorcem com as câimbras. Nervos tensos ameaçam desprender-se conforme a dor ressoa sua melodia mórbida. E não há ninguém para salvá-lo, pois ele próprio está se sacrificando.

Não são seis horas normais . . .

Não é uma sexta-feira normal.

SEIS HORAS DE UMA SEXTA-FEIRA

SUA RESSURREIÇÃO

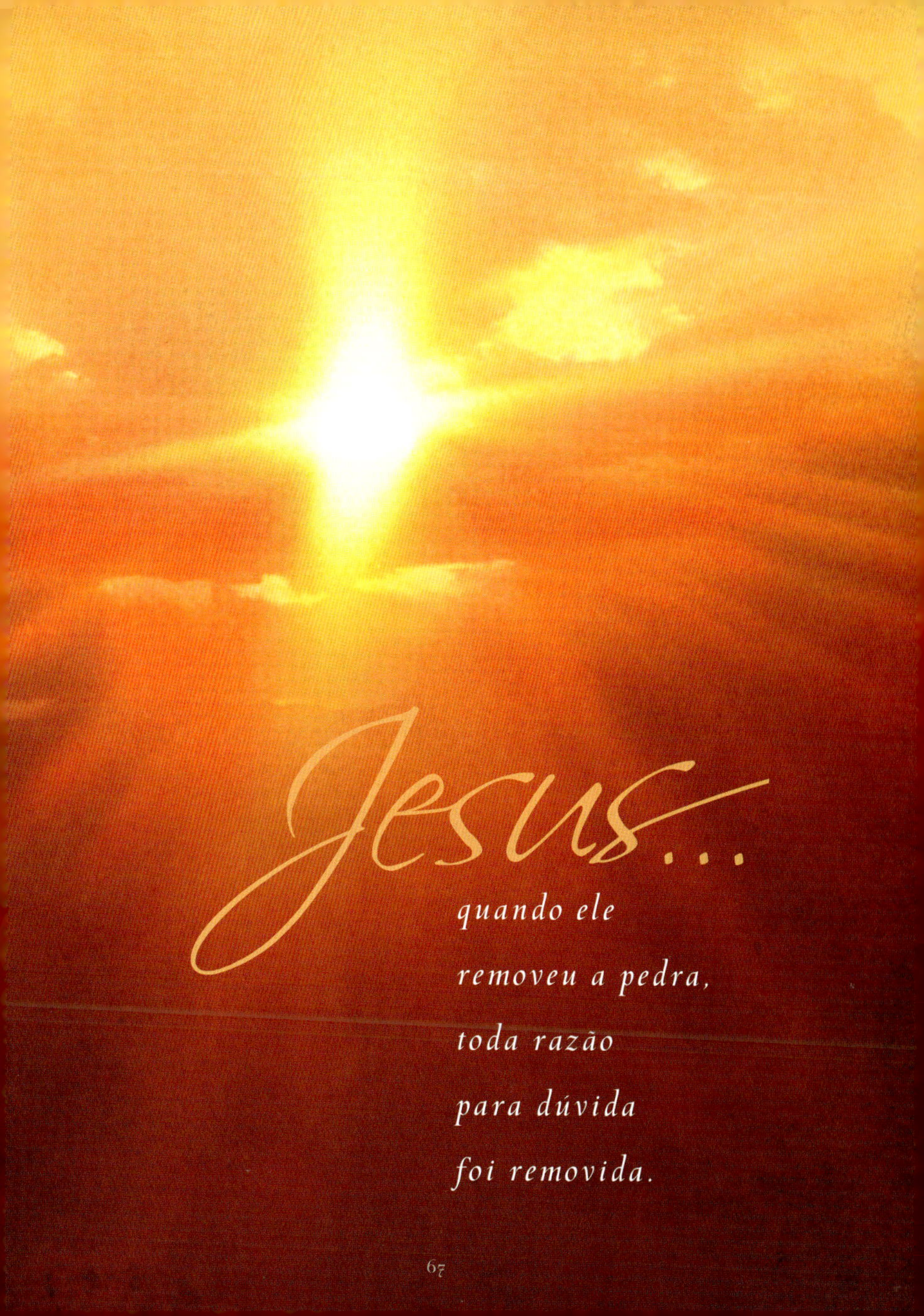

Jesus...

quando ele
removeu a pedra,
toda razão
para dúvida
foi removida.

A RESSURREIÇÃO DE CRISTO

é um clarão refulgente

que anuncia a todo que

busca sinceramente

QUE É SEGURO CRER.

Depois disso José de Arimateia pediu a Pilatos o corpo de Jesus. José era discípulo de Jesus, mas o era secretamente, porque tinha medo dos judeus. Com a permissão de Pilatos, veio e levou embora o corpo. Ele estava acompanhado de Nicodemos, aquele que antes tinha visitado Jesus à noite. Nicodemos levou cerca de trinta e quatro quilos de uma mistura de mirra e aloés. Tomando o corpo de Jesus, os dois o envolveram em faixas de linho, com as especiarias, de acordo com os costumes judaicos de sepultamento. No lugar onde Jesus foi crucificado havia um jardim; e no jardim, um sepulcro novo, onde ninguém jamais fora colocado.

JOÃO 19.38-41

RELUTANTES DURANTE A VIDA de Cristo, mas corajosos em sua morte, José e Nicodemos vieram servir a Jesus. Vieram sepultá-lo. Subiram a colina levando as roupas para o sepultamento.

Pilatos lhes dera permissão.

José de Arimateia deu uma sepultura.

Nicodemos trouxe as especiarias e os panos de linho.

João afirma que Nicodemos trouxe 34 quilos de mirra e aloés. Essa quantidade é digna de nota, pois tal abundância de bálsamos para sepultamento era normalmente usada apenas para reis.

ELE ESCOLHEU OS CRAVOS

O SELO SOBRE A TUMBA

Para garantir a entrega de uma carta, você sela o envelope. Para manter o ar fora de uma jarra, você sela sua boca com uma tampa de borracha. Para evitar que o oxigênio entre no vinho, você sela a abertura com cortiça e cera. Para selar um acordo, você precisa assinar um contrato ou reconhecer a firma de uma assinatura. O ato de selar declara propriedade e assegura o conteúdo.

A mais famosa "selagem" do Novo Testamento ocorreu na tumba de Jesus. Os soldados romanos rolaram uma pedra sobre a entrada e "montaram guarda ao sepulcro, selando a pedra" (Mt 27.66, RA). Os arqueólogos imaginam duas tiras esticadas na entrada, coladas com cera endurecida que recebia a sanção do governo romano SPQR (*Senatus Populusque Romanus*), como que dizendo "Afaste-se! O conteúdo desta tumba pertence a Roma".

O selo deles, é claro, mostrou-se inútil.

QUEM TEM SEDE VENHA

O SEPULTAMENTO DE JESUS

QUANDO PILATOS SOUBE que Jesus estava morto, perguntou aos soldados se eles tinham certeza disso. Tinham. Se vissem o Nazareno se contorcer, se tivessem ouvido um gemido, teriam quebrado suas pernas para acelerar seu fim. Mas não houve necessidade. O golpe de uma lança removeu qualquer dúvida. Os romanos sabiam como realizar seu trabalho. E seu trabalho estava concluído. Arrancaram os cravos, baixaram o corpo e o entregaram a José e a Nicodemos.

José de Arimateia. Nicodemos, o fariseu. Sentavam em lugares de poder e tinham posições de influência. Homens de recursos e homens de poder. Mas trocariam tudo isso para ver a respiração no corpo de Jesus. Ele respondera à oração de seus corações, a oração que pedia o Messias. Tanto quanto os soldados o queriam morto, aqueles homens o queriam vivo.

Você não sabia que, enquanto limpavam o sangue de sua barba, tentaram ouvir sua respiração? Que, enquanto enrolavam o tecido em torno de suas mãos, tinham esperança de encontrar pulso? Que buscaram algum sinal de vida?

Mas não encontraram.

Assim, fizeram com ele o que se fazia com um homem morto. Enrolaram seu corpo em linho limpo e colocaram-no na tumba. A tumba de José. Guardas romanos montaram guarda para proteger o corpo. Um selo romano é colocado na pedra que fecha a tumba. Por três dias, ninguém chega perto da sepultura.

Mas então chega o domingo. E, com o domingo, chega a luz — uma luz dentro da tumba. Uma luz brilhante? Uma luz suave? Faiscante? Flutuando no ar? Não sabemos. Mas houve uma luz. Pois ele é a luz. E com a luz veio a vida. Assim que as trevas são banidas, a decomposição é revertida. Os céus sopram e Jesus respira. Seu peito se expande. Lábios de cera se abrem. Dedos de madeira se erguem. Válvulas cardíacas assobiam e articulações se dobram.

E, à medida que contemplamos o momento, ficamos maravilhados.

Ficamos maravilhados não apenas por aquilo que vemos, mas por aquilo que sabemos.

"Quando somos levantados da água, é como a ressurreição de Jesus. Erguemo-nos para um mundo cheio de luz do nosso Pai e assim podemos ver por onde estamos indo, no novo país da graça soberana. Mais claro que isso, impossível. Nosso velho modo de viver foi pregado na cruz com Cristo, um fim decisivo para aquela vida miserável de pecado." (Rm 6.4-7, MSG).

Quando Cristo voltar

MAS, ENTÃO, CHEGOU O DOMINGO.

Deus vive para ouvir seu coração.

Ele adora ouvir suas orações.

Ele morreu por seu pecado
antes de permitir que você
morresse em seus pecados.

Foi isso que ele fez.

PODERIA TER HAVIDO PIOR tragédia na vida de João que a morte de Jesus? Três anos antes, João dera as costas à carreira e apostara todas as fichas nesse carpinteiro de Nazaré. No começo da semana, João participara de uma parada grandiosa ao entrar com Jesus e os discípulos em Jerusalém. Ah, como as coisas mudaram rapidamente! As pessoas que o chamaram de rei no domingo pediram sua morte na sexta-feira. Aquele linho era um lembrete tangível de que seu amigo e seu futuro estavam embrulhados em panos e selados atrás de uma pedra.

Naquela sexta-feira, João não sabia o que eu e você sabemos hoje. Ele não sabia que a tragédia da sexta-feira seria o triunfo do domingo. Mais tarde, João confessaria que "eles ainda não haviam compreendido que, conforme a Escritura, era necessário que Jesus ressuscitasse dos mortos" (Jo 20.9).

É POR ISSO QUE AQUILO QUE ELE FEZ NO SÁBADO É TÃO IMPORTANTE.

Não sabemos nada sobre esse dia; não há nenhuma passagem para ler, nenhum conhecimento para compartilhar. Tudo o que sabemos é isto: quando o domingo chegou, João ainda estava presente. Maria Madalena o encontrou quando foi procurá-lo.

Jesus estava morto. O corpo do Mestre estava sem vida. O amigo e o futuro de João estavam sepultados. Mas João não foi embora. Por quê? Estaria ele esperando pela ressurreição? Não. Até onde ele sabia, os lábios ficariam silenciosos para sempre e as mãos estariam imóveis pela eternidade. Ele não esperava uma surpresa no domingo. Então por que ficou por ali?

Você talvez pensasse que ele deveria ter partido. Quem poderia garantir que os homens que crucificaram Cristo não viriam atrás dele? As multidões estavam satisfeitas com uma crucificação; os líderes religiosos poderiam querer mais. Por que João não saiu da cidade?

Talvez a resposta seja pragmática; talvez ele estivesse cuidando da mãe de Jesus.

Ou quem sabe não tivesse para onde ir. Pode ser que não tivesse dinheiro, forças, direção — ou tudo isso ao mesmo tempo.

Pode ser que tenha permanecido ali porque amava Jesus.

Para os outros, Jesus era um milagreiro. Para os outros, Jesus era um mestre do ensino. Para os outros, Jesus era a esperança de Israel. Mas, para João, ele era tudo isso e muito mais. Para João, Jesus era um amigo.

Não se abandona um amigo — nem mesmo quando esse amigo está morto. João permaneceu perto de Jesus.

Ele tinha o hábito de fazer isso. Estava perto de Jesus no cenáculo. Estava perto de Jesus no jardim do Getsêmani. Estava aos pés da cruz na crucificação e estava a poucos passos da tumba no sepultamento.

> Ele entendia Jesus? Não.
>
> Estava feliz por Jesus ter feito o que fez? Não.
>
> Mas abandonou Jesus? Não.

Nós esquecemos que

IMPOSSÍVEL

é uma das palavras preferidas de Deus.

Maria Madalena junto ao sepulcro de Jesus

Festa era a última coisa que Maria Madalena esperava ver ao se aproximar do sepulcro naquela manhã de domingo. Não havia nada a comemorar em relação aos dias anteriores. Os judeus podiam festejar — Jesus estava fora do caminho. Os soldados podiam festejar — sua missão estava concluída. Mas Maria não podia festejar. Para ela, os últimos dias foram simplesmente uma tragédia.

MARIA ESTEVE POR PERTO. Ouviu os líderes clamarem pelo sangue de Jesus. Testemunhou o chicote romano arrancar a pele de suas costas. Estremeceu quando os espinhos cortaram sua sobrancelha e chorou diante do peso da cruz.

No museu do Louvre existe uma pintura que retrata a cena da cruz. Naquele quadro, as estrelas estão mortas e o mundo está envolto em trevas. Percebe-se uma forma humana ajoelhada nas sombras. É Maria. Ela tem os lábios e as mãos sobre os pés ensanguentados de Cristo.

Não sabemos se Maria fez isso, mas sabemos que poderia tê-lo feito. Ela estava lá. Estava lá para colocar seu braço em volta do ombro de Maria, a mãe de Jesus. Estava lá para fechar os olhos dele. Ela estava lá.

Portanto, não é surpresa que ela quisesse estar lá de novo.

No meio do nevoeiro da manhã, ela se levanta da cama, pega as especiarias e o aloés e sai de casa. Passa pelo Portão dos Jardins e sobe a encosta da colina. Prevê que realizará uma tarefa lúgubre. Nesse momento, o corpo estará inchado. Seu rosto estará esbranquiçado. O odor da morte será intenso.

O céu cinzento dá lugar ao dourado enquanto caminha pela trilha estreita. Ela suspira ao fazer a última curva. A pedra colocada na frente da sepultura fora removida.

"Tiraram o Senhor do sepulcro." Ela corre para despertar Pedro e João. Eles correm para ver por si mesmos. Ela tenta acompanhá-los, mas não consegue.

Pedro sai da tumba perplexo e João sai confiante, mas Maria fica simplesmente sentada diante da entrada, chorando. Os dois homens vão para casa e deixam-na sozinha com sua dor.

Mas alguma coisa lhe diz que ela não está sozinha. Talvez tenha ouvido um barulho. Talvez tenha ouvido um sussurro. Ou talvez tenha simplesmente escutado seu coração lhe dizer para dar uma olhada.

Seja qual tenha sido a razão, ela o faz. Começa a descer, estica a cabeça pela porta escavada e espera que seus olhos se ajustem à escuridão.

"Mulher, por que você está chorando?" Ela vê o que parece ser um homem, mas é todo branco — radiantemente branco. É uma das duas luzes que vê, uma em cada extremidade da laje vazia. Duas velas brilhando num altar.

"Mulher, por que você está chorando?" Uma pergunta incomum a se fazer num cemitério. A verdade é que a pergunta é grosseira. A não ser, porém, que o questionador saiba algo de que o questionado não tem consciência.

"Levaram embora o meu Senhor e não sei onde o puseram."

Ela ainda o chama de "meu Senhor". Até onde ela sabe, os lábios dele estão cerrados. Até onde ela sabe, o corpo dele foi levado por ladrões. Mas, a despeito de tudo isso, ela ainda o chama de seu Senhor.

Tal devoção comove Jesus. Ele se aproxima dela. Chega tão perto a ponto de ela ouvir sua respiração. Ela se volta e lá está ele. Maria pensa que é o jardineiro.

Ora, Jesus poderia ter-se revelado nesse momento. Poderia ter chamado um anjo para apresentá- lo ou uma banda para anunciar sua presença. Mas não o fez.

"Mulher, por que está chorando? Quem você está procurando?" (Jo 20.1-18)

Ele não a deixou pensando por muito tempo, apenas o suficiente para nos lembrar que ele adora nos surpreender. Ele espera que percamos as esperanças na força humana e, então, intervém com a força celestial. Deus espera que desistamos e, aí, surpresa!

Note a surpresa enquanto o nome de Maria é falado por um homem a quem ela amava, um homem que ela havia sepultado.

"Maria."

Deus aparece nos lugares mais estranhos. Faz as coisas mais esquisitas. Produz sorrisos onde havia apenas carrancas. Gera brilho onde havia apenas lágrimas. Coloca uma estrela brilhante num céu escuro. Põe um arco-íris no meio de nuvens de tempestade. Diz nomes num cemitério.

"Maria", disse ele, mansamente, "surpresa!".

Maria está chocada. Não é comum ouvir seu nome falado por uma voz eterna. Mas, quando a ouviu, ela a reconheceu. E, quando a reconheceu, reagiu adequadamente. Ela o adorou.

QUEM VOCÊ
ESTÁ PROCURANDO?
Jesus

Seu corpo ressurreto

Jesus apareceu aos seus seguidores em um corpo de carne e osso: "Um espírito não tem carne nem ossos, como vocês estão vendo que eu tenho" (Lc 24.39). Seu corpo ressurreto era um corpo real, suficientemente real para andar pelo caminho de Emaús, para ser confundido com o de um jardineiro, para comer peixe no desjejum. ❋ Ao mesmo tempo, o corpo real de Jesus era de fato diferente. Os discípulos de Emaús não o reconheceram e as paredes não o impediram. Marcos tentou descrever a nova aparência, mas contentou-se em dizer que "Jesus apareceu noutra forma" (Mc 16.12). Embora seu corpo fosse o mesmo, era melhor; era glorificado. Era um corpo celestial. ❋ E não encontro nenhuma passagem que diga que Jesus tenha se desfeito desse corpo. Ele subiu ao céu com ele. "Foi elevado às alturas enquanto eles olhavam, e uma nuvem o encobriu da vista deles" (At 1.9). Jesus voltará nesse corpo. Os anjos disseram aos seguidores: "Este mesmo Jesus, que dentre vocês foi elevado aos céus, voltará da mesma forma como o viram subir" (At 1.11). ❋ O Deus-homem continua sendo as duas coisas. As mãos que abençoaram o pão do menino agora abençoam as orações de milhões. E a boca que envia anjos é a boca que beijou crianças. ❋ Sabe o que isso significa? Que a maior força do cosmo o entende e intercede por você. "Temos um intercessor junto ao Pai, Jesus Cristo, o Justo" (1Jo 2.1).

O SALVADOR MORA AO LADO

ELE AMA COM *amor inesgotável*

O café da manhã de Pedro com Jesus

CONSEGUE VER AQUELE HOMEM nas sombras? É Pedro. Pedro, o apóstolo. Pedro, o impetuoso. Pedro, o extremado. Ele caminhou sobre as águas. Deu um passo direto do barco para o lago. Em breve pregará a milhares. Destemido tanto diante de amigos como na frente de inimigos. Esta noite, porém, aquele que andou sobre as águas correu para se esconder. Aquele que um dia falará com poder está chorando de dor.

Sem fungar nem lamuriar, mas chorando. Berrando. Rosto barbudo enterrado em mãos grossas. Seu uivo ecoa pela noite de Jerusalém. O que o fere mais? O fato de ter feito? Ou o fato de ter jurado que nunca faria?

"'Estou pronto para ir contigo para a prisão e para a morte'. Respondeu Jesus: 'Eu lhe digo, Pedro, que antes que o galo cante hoje, três vezes você negará que me conhece'" (Lc 22.33-34).

Negar a Cristo na noite em que ele fora traído já foi suficientemente ruim, mas será que ele precisava se vangloriar de que não faria isso? Uma negativa era lamentável, mas três? Três negativas foram horríveis, mas ele ainda precisava amaldiçoar? "[Pedro] começou a se amaldiçoar e a jurar: 'Não conheço esse homem!'" (Mt 26.74).

Agora, envolvido por um redemoinho de tristeza, Pedro se esconde. Pedro chora. E logo Pedro sairá para pescar.

Ficamos intrigados diante de sua decisão de ir pescar. Sabemos por que ele vai para a Galileia. Disseram-lhe que o Cristo ressurreto encontraria seus discípulos ali. Contudo, o lugar acertado para o encontro não é o mar, mas um monte (Mt 28.16). Se os seguidores de Jesus deveriam encontrá-lo num monte, o que estão fazendo num barco? Ninguém lhes mandou pescar, mas foi isso o que fizeram. "'Vou pescar', disse-lhes Simão Pedro. E eles disseram: 'Nós vamos com você'" (Jo 21.3). Além disso, Pedro não havia deixado de pescar? Dois anos antes, quando Jesus o chamou para ser pescador de homens, Pedro não havia deixado as redes e seguido o Mestre? Não o vimos pescar desde então. Nunca mais o vimos pescar de novo. Por que está pescando agora? Especialmente agora! Jesus havia ressuscitado dos mortos. Pedro vira a tumba vazia. Quem poderia pescar numa hora dessa?

Por acaso estariam com fome? Talvez essa seja a razão. Pode ser que a atividade tenha sido motivada por estômagos vazios.

Ou também pode ser que ela tenha se iniciado em razão de um coração partido.

Sabe, Pedro não podia negar sua negação. A tumba vazia não eliminou o canto do galo. Cristo retornara, mas Pedro pensou, ou deve ter pensado: "Depois do que fiz, será que ele voltaria para alguém como eu?".

Já pensamos a mesma coisa. Por acaso Pedro é a única pessoa a fazer exatamente aquilo que jurou jamais repetir?

"Para mim, infidelidade é coisa do passado!"

"De agora em diante, controlarei minha língua."

"Chega de acordos duvidosos. Aprendi a lição."

Ah, o volume de nossa jactância. E, ah, a dor que nossa vergonha provoca no coração.

Em vez de resistir ao flerte, correspondemos.

Em vez de ignorar a fofoca, passamos a notícia adiante.

Em vez de nos apegarmos à verdade, a encobrimos.

O galo canta, a condenação penetra e Pedro ganha um parceiro nas sombras. Choramos como Pedro chorou e fazemos o que Pedro fez. Saímos para pescar. Voltamos à nossa velha vida. Voltamos às práticas do tempo anterior a Jesus. Fazemos aquilo que nos é natural, em vez daquilo que é espiritual. E perguntamos se Jesus tem um lugar para pessoas como nós.

Jesus responde a essa pergunta. Responde a você, a mim e a todo que tende a agir como Pedro diante de Cristo. A resposta de Jesus veio à beira da praia, na forma de um presente a Pedro. Sabe o que Jesus fez? Abriu as águas? Transformou o barco em ouro e as redes em prata? Não, Jesus fez algo muito mais significativo. Convidou Pedro para um café da manhã. Jesus preparou uma refeição.

É claro que o café da manhã foi um momento especial entre muitos naquela manhã. Houve a grande pesca e o reconhecimento de Jesus. O mergulho de Pedro e o ato de remar dos discípulos. E houve o momento em que chegaram à costa e encontraram Jesus junto às brasas. O peixe estava apetitoso e o pão estava à espera; aquele que derrotou o inferno e que governa o céu convidou seus amigos a se sentarem e comerem um pouco.

Ninguém poderia estar mais agradecido que Pedro.

A ideia de que uma virgem seria escolhida por Deus para dar à luz a si mesmo. . . A noção de que Deus teria cabelo, dedos e dois olhos. . . O pensamento de que o Rei do universo espirraria, arrotaria e seria picado por mosquitos. . . É incrível demais. É revolucionário demais. Jamais criaríamos um Salvador assim.
Não somos tão ousados. . .

Mesmo em nossos sonhos mais loucos não imaginaríamos um rei que se tornasse um de nós.

Mas Deus agiu assim. Deus fez aquilo que não ousaríamos sequer sonhar.
Ele fez o que não poderíamos imaginar.
Tornou-se homem para que pudéssemos confiar nele.
Tornou-se sacrifício para que pudéssemos conhecê-lo.
E derrotou a morte para que pudéssemos segui-lo.

Quando os anjos silenciaram

SEU LEGADO

Jesus...
aqueles que o viram
nunca mais foram os mesmos.

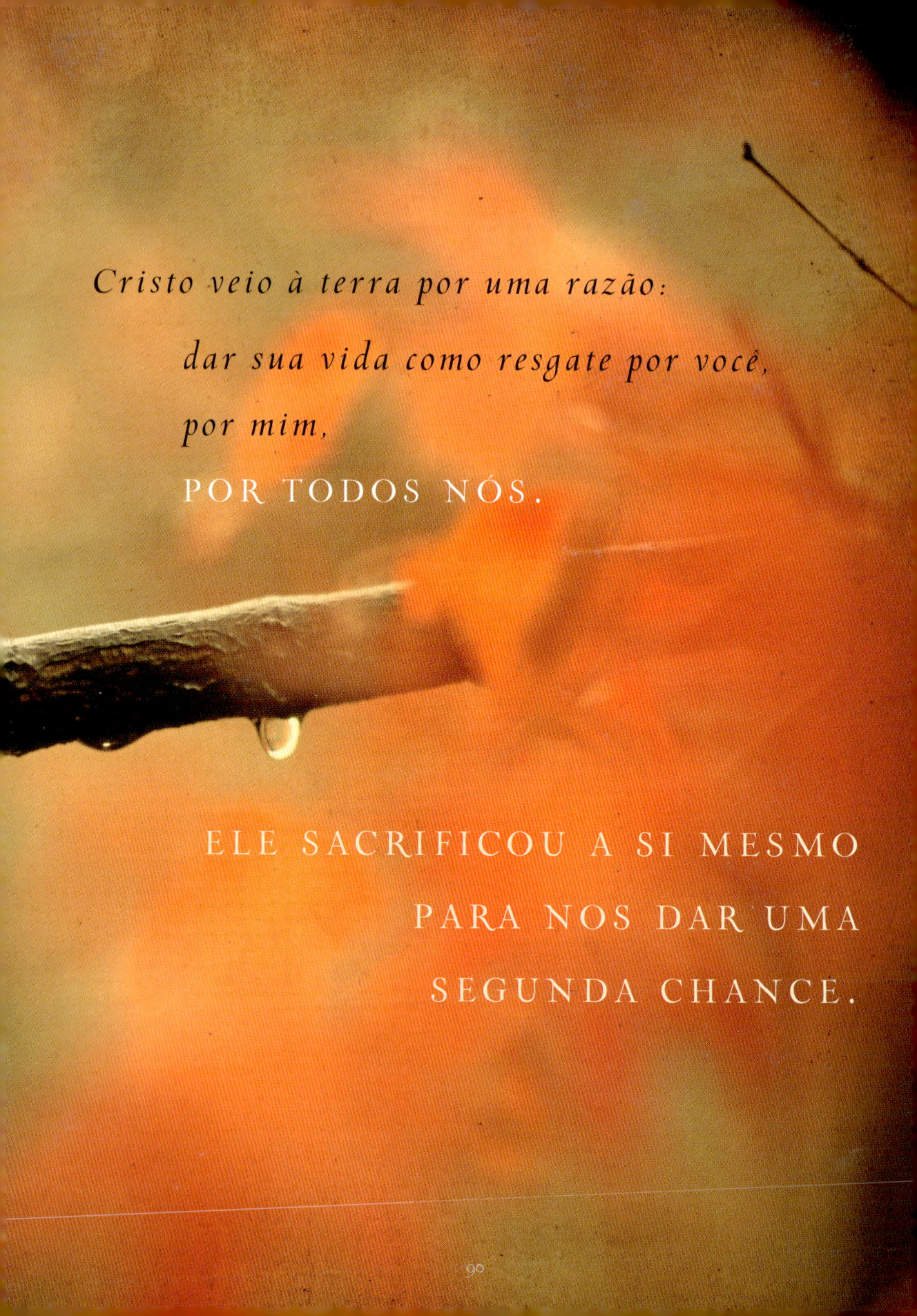

Cristo veio à terra por uma razão:

dar sua vida como resgate por você,

por mim,

POR TODOS NÓS.

ELE SACRIFICOU A SI MESMO

PARA NOS DAR UMA

SEGUNDA CHANCE.

Ele fez isso especialmente por você

QUANDO DEUS INSERIU-SE no tempo e tornou-se homem, aquele que era ilimitado limitou-se. Aprisionado pela carne. Restrito por pálpebras e músculos propensos a se cansar. Por mais de três décadas, seu alcance antes ilimitado seria limitado pelo alcance de um braço, sua velocidade, controlada pelo ritmo dos pés humanos.

Fico pensando se ele se sentiu tentado a reclamar da perda de sua infinitude. Será que, no meio de uma longa viagem, ele não considerou a ideia de se transportar imediatamente para a próxima cidade? Quando a chuva lhe esfriou os ossos, será que não se sentiu tentado a mudar o clima? Quando o calor lhe secou os lábios, será que nunca pensou em ir para o Caribe em busca de refrigério?

Ainda que tenha tido tais pensamentos, nunca cedeu a eles. Nem uma vez sequer. Pare e pense nisso. Cristo jamais usou seus poderes sobrenaturais para obter conforto pessoal. Com uma palavra ele poderia ter transformado a terra dura numa cama macia, mas não o fez. Com um movimento de sua mão, poderia ter mandado de volta o cuspe de seus acusadores bem na cara deles, mas não o fez. Com um movimento de sua sobrancelha poderia ter paralisado a mão do soldado quando este lhe enfiava a coroa de espinhos. Mas não o fez.

Quer saber qual é a coisa mais legal em relação a sua vinda?

Não foi o fato de aquele que brincava de bolinha de gude com as estrelas ter aberto mão disso para brincar de bolinha de gude com bolinhas de gude. Também não foi o fato de aquele que sustentava as galáxias ter aberto mão disso para segurar batentes de porta de um cliente irritado que queria tudo para ontem, mas que só poderia pagar amanhã.

Também não foi a questão de, num piscar de olhos, aquele que não tinha necessidade de nada passar a precisar de ar, comida, água quente e sais para seus pés cansados e, mais do que qualquer outra coisa, precisar de alguém — qualquer um — que estivesse mais preocupado com o lugar onde passaria a eternidade do que com o lugar onde gastaria o salário.

Também não foi o fato de ter resistido ao desejo de fritar os mesquinhos e autodefinidos protetores da santidade que ousaram sugerir que ele fazia obras do diabo.

Nem foi o fato de ele ter-se mantido calmo quando os doze melhores amigos que tivera sentiram o calor e saíram da cozinha. Nem o fato de não ter dado permissão aos anjos que imploravam "apenas um sinal com a cabeça, Senhor. Uma palavra e esses demônios serão transformados em ovos fritos".

Nem mesmo o fato de ele ter-se recusado a se defender quando recebeu a acusação de todos os pecados de toda prostituta e de todo vadio desde Adão. Ou que tenha permanecido em silêncio enquanto milhões de veredictos de "culpado" ecoavam no tribunal dos céus e o doador da luz era deixado no frio da noite de um pecador.

Não foi nem mesmo o fato de, depois de três dias num buraco escuro, ele ter caminhado no alvorecer da Páscoa com um sorriso, um andar altivo e uma pergunta ao humilhado Lúcifer: "Esse é o seu melhor golpe?".

Tudo isso foi legal, muito legal.

Mas quer saber qual foi a coisa mais legal em relação àquele que abdicou da coroa do céu para usar a coroa de espinhos?

Ele fez isso por você. *Especialmente por você.*

Jesus afirma

QUE É A SOLUÇÃO

para o cansaço da alma.

Sua bondade e misericórdia

Não é ousadia demais imaginar um Deus que nos segue? Que nos segue com "bondade e misericórdia" todos os dias da nossa vida? ❋ Os discípulos de Jesus sabiam qual era a sensação de ser seguido por Deus. Estavam ensopados pela chuva e tremendo de frio quando olharam para trás e viram Jesus caminhando na direção deles. Deus os seguira em meio à tempestade. ❋ Uma mulher samaritana anônima conheceu a mesma sensação. Estava sozinha na vida e sozinha no poço quando olhou para trás e ouviu o Messias falar. Deus a seguira em meio à sua dor. ❋ O apóstolo João estava em seu exílio em Patmos quando olhou para trás e viu os céus se abrindo. Deus o seguira até seu exílio. ❋ Lázaro estava morto havia três dias num túmulo selado quando ouviu uma voz, ergueu a cabeça, olhou para trás e viu Jesus em pé. Deus o seguira até a morte. ❋ Pedro negara seu Senhor e voltara a pescar quando ouviu seu nome, olhou para trás e viu Jesus preparando o desjejum. Deus o seguira apesar de suas falhas. ❋ Deus é o Deus que segue. Fico pensando. . . Você já teve a sensação de que Deus o estava seguindo? Ele ainda segue. Nunca nos força. Nunca nos deixa. Persiste pacientemente. Está fielmente presente. Usa todo seu poder para nos convencer que é quem diz ser e que podemos confiar que nos levará ao lar. Sua bondade e misericórdia certamente nos seguirão todos os dias da vida.

Aliviando a bagagem

O MOVIMENTO CONTINUA

A crença do filósofo francês Voltaire: A Bíblia e o cristianismo acabariam em cem anos. Ele morreu em 1778;
o movimento continua.

O pronunciamento de Friedrich Nietzsche em 1882: "Deus está morto". O alvorecer da ciência, acreditava ele, seria o ocaso da fé. A ciência alvoreceu;
o movimento continua.

Como um dicionário comunista definiu a Bíblia: "É uma coleção de lendas fantásticas sem nenhum apoio científico". O comunismo está desaparecendo;
o movimento continua.

É A DESCOBERTA de todos que tentaram sepultar a fé. A mesma dos que tentaram sepultar seu fundador: ele não ficou na tumba.

Os fatos: o movimento nunca foi tão forte. Cerca de um bilhão de católicos e quase o mesmo número de protestantes.

A pergunta: como se explica isso? Jesus foi um camponês de um lugar atrasado qualquer. Nunca escreveu um livro, nunca teve uma posição importante. Nunca se afastou mais de trezentos quilômetros de sua cidade natal. Os amigos o abandonaram. Um o traiu. Aqueles a quem ajudou se esqueceram dele. Antes de sua morte, as pessoas o abandonaram. Mas, depois de sua morte, não puderam resistir-lhe. O que provocou a mudança?

A resposta: sua morte e ressurreição. Pois, quando ele morreu, o mesmo aconteceu com o pecado que você tem em sua vida. Quando ressuscitou, o mesmo aconteceu com sua esperança. Pois, quando ele ressuscitou, a sepultura onde você será enterrado deixou de ser uma residência definitiva para transformar-se numa habitação temporária.

A razão de ter feito isso: a face que você vê quando olha para o espelho.

O veredicto após dois milênios: Herodes estava certo; só há lugar para um Rei.

ELE ESCOLHEU OS CRAVOS

Ele é amor

"O amor [. . .] tudo suporta" (1Co 13.4-7).

Ele poderia ter desistido. Ninguém ficaria sabendo. Jesus poderia ter desistido.

Uma olhada na barriga poderia tê-lo desanimado. Deus é tão desimpedido quanto o ar e tão livre quanto o céu. Como poderia reduzir seu mundo ao ventre de uma jovem por nove meses?

Nove meses? Eis outra razão para desistir. Os céus não possuem meses. Não há tempo no céu. Ou talvez, melhor dizendo, o céu tem todo o tempo. Nós é que estamos ficando sem ele. O nosso passa tão rápido que o medimos em segundos. Será que Cristo não preferia estar do outro lado da cordilheira do tempo?

Poderia tê-lo feito. Poderia ter desistido. Ainda que não desistisse, poderia ter mudado alguma coisa. Precisava tornar-se carne? Que tal tornar-se luz? Veja uma ideia. O céu poderia se abrir e Cristo chegaria à terra na forma de uma luz branca. Então, no meio da luz, poderia haver uma voz estrondosa, retumbante, de fazer tremer os dentes. Inclua uma rajada de vento e os anjos como vocais de fundo e o mundo inteiro notaria!

Do jeito como foram as coisas, pouca gente notou quando ele veio. Não houve nenhuma parada em Belém. Não se promoveu um banquete. Talvez você ache que um feriado tivesse sido adequado. Ou pelo menos algumas flâmulas no estábulo.

Ah, o estábulo. Não seria essa outra razão para Cristo recuar? Estábulos são malcheirosos, sujos. Não têm chão de linóleo nem máscaras de oxigênio. Como poderiam cortar o cordão umbilical? E quem o cortaria? José? Um carpinteiro sem importância de uma cidade longínqua? Não há um pai melhor para Deus? Alguém com instrução, com *pedigree*. Alguém com um pouco de influência? Esse camarada não conseguiu nem sequer arrumar um quarto no hotel. Você acha que ele preenche os requisitos para ser o pai do Criador do universo?

Jesus poderia ter desistido. Imagine a mudança que precisou fazer, a distância que teve de viajar. Como seria tornar-se carne?

O amor vai aonde é necessário. . . E Cristo viajou da eternidade sem limite para ser confinado pelo tempo e tornar-se um de nós. Não precisava fazê-lo. Poderia ter desistido. Em qualquer ponto do caminho ele poderia ter colocado um ponto final naquilo tudo.

Quando viu o tamanho do útero, poderia ter desistido.

Quando percebeu como suas mãos seriam pequenas, quão suave seria sua voz, quanta fome seu estômago sentiria, poderia ter desistido. Ao primeiro sinal do mau cheiro do estábulo, diante da primeira rajada de ar frio. Na primeira vez em que arranhou o joelho ou assoou o nariz ou comeu pão queimado, poderia ter virado as costas e ido embora.

Quando viu o chão poeirento de sua casa em Nazaré. Quando José lhe deu uma tarefa a cumprir. Quando seus colegas de escola cochilaram durante a leitura da Torá, a sua Torá. Quando o vizinho tomou seu nome em vão. Quando o fazendeiro preguiçoso culpou a Deus pela colheita ruim. Em qualquer momento Jesus poderia ter dito: "Chega! Já basta! Vou para casa". Mas ele não fez isso.

Não o fez, porque ele é amor. E "o amor [. . .] tudo suporta" (1Co 13.4-7).

Aprenda a compartilhar um amor que vale a pena

O AMOR VAI AONDE É NECESSÁRIO

Ele foi o Deus-homem.

Jesus não foi um homem semelhante a Deus, nem um Deus semelhante a um homem. Ele foi o Deus-homem.

Criado por um carpinteiro.
Banhado por uma moça do interior.
O criador do mundo com umbigo.
O autor da Torá que aprendeu a Torá.
O ser humano do céu. E, porque o foi, coçamos a cabeça, piscamos duas vezes, olhamos sem entender e vivemos momentos como estes:
Bordeaux em vez de água.
Um aleijado patrocinando o baile da cidade.
Um saquinho de lanche enchendo a barriga de cinco mil.
E, acima de tudo, uma sepultura: guardada por soldados, selada por uma pedra e, mesmo assim, abandonada por um morto de três dias.
O que fazer diante desses momentos?
O que fazer diante de uma pessoa assim? Aplaudimos os homens por fazerem coisas boas. Reverenciamos a Deus por fazer coisas grandiosas.
Mas o que fazer quando um homem faz coisas divinas?
Uma coisa é certa: não podemos ignorá-lo.

O Salvador mora ao lado

Ele nos convida a amá-lo.
Ele insiste em que o amemos.

Mas, no fim das contas, a escolha é sua e minha.

SEU NOME É *Jesus*

E disse Jesus: "Sigam-me, e eu os farei pescadores de homens."

Mateus 4.19

Disse-lhes Jesus: "Estou com vocês apenas por pouco tempo e logo irei para aquele que me enviou".

JOÃO 7.33

ENTÃO, JESUS APROXIMOU-SE DELES E DISSE: “FOI-ME DADA TODA A AUTORIDADE NOS CÉUS E NA TERRA”.

MATEUS 28.18

FONTES

Todo o material deste livro foi originariamente publicado nos livros de Max Lucado apresentados a seguir. O autor detém o *copyright* das obras originais.

A Gentle Thunder. Nashville: Thomas Nelson, 1995. [*Ouvindo Deus na tormenta*. Rio de Janeiro: CPAD, 2006.]

A Love Worth Giving. Nashville: Thomas Nelson, 2002. [*Aprenda a compartilhar um amor que vale a pena*. Rio de Janeiro: CPAD, 2003.]

And the Angels Were Silent. Nashville: Thomas Nelson, 2003. [*Quando os anjos silenciaram*. Campinas, SP: United Press, 1999.]

Come Thirsty. Nashville: Thomas Nelson, 2004. [*Quem tem sede venha*. Rio de Janeiro: CPAD, 2006.]

Every Day Deserves a Chance. Nashville: Thomas Nelson, 2007. [*Todo dia é um dia especial*. Rio de Janeiro: Thomas Nelson Brasil, 2007.]

He Chose the Nails. Nashville: Thomas Nelson, 2000. [*Ele escolheu os cravos*. Rio de Janeiro: CPAD, 2002.]

He Still Moves Stones. Nashville: Thomas Nelson, 1993. [*Ele ainda remove pedras*. Rio de Janeiro: CPAD, 2006.]

It's Not About Me. Nashville: Thomas Nelson, 2004. [*Isto não é para mim*. Rio de Janeiro: CPAD, 2007.]

Just Like Jesus. Nashville: Thomas Nelson, 1998. [*Simplesmente como Jesus*. Rio de Janeiro: CPAD, 2000.]

Next Door Savior. Nashville: Thomas Nelson, 2003. [*O Salvador mora ao lado*. Rio de Janeiro: CPAD, 2005.]

No Wonder They Call Him the Savior. Nashville: Thomas Nelson, 2003. [*Seu nome é Salvador*. São Paulo: Vida Cristã, 1987.]

Six Hours One Friday. Nashville: Thomas Nelson, 2003. [*Seis horas de uma sexta-feira*. Sao Paulo: Vida, 1994.]

Traveling Light. Nashville: Thomas Nelson, 2000. [*Aliviando a bagagem*. Rio de Janeiro: CPAD, 2002.]

When Christ Comes. Nashville: Thomas Nelson, 1999. [*Quando Cristo voltar*. Rio de Janeiro: CPAD, 1999.]